Couvertures supérieure et inférieure manquantes

Quinze Jours

EN BRETAGNE

NOTES DE VOYAGE

PAR

Charles GUIGNARD

(L'AMPHION)

CHAUMONT
Imprimerie de veuve Miot-Dadant.
1873

A MON AMI STANISLAS DADANT

Affectueux souvenir

Charles GUIGNARD.

QUINZE JOURS EN BRETAGNE

La tarentule est une petite bête dont la piqûre a pour effet de donner à sa victime une envie démesurée de voyager.

Le treize août dernier, vers six heures du matin, — un treize, remarque-le bien, — je ressentis les premières atteintes de l'orientale araignée ; à sept heures, n'y tenant plus, je sautai à bas du lit.

— Voyons, me dis-je, il faut partir ; je ne serai débarrassé de cette importune qu'à ce prix ; mais où irais-je ? — Le Midi, je le connais ; le Nord n'a plus d'imprévu pour moi ; l'Est est.... démembré, et l'Ouest trop loin.

Après une heure de réflexion, n'ayant trouvé aucune solution, je fis comme Calchas, je consultai les Augures en jetant une plume au vent; la plume alla vers l'Ouest.

Je restai tout songeur.

L'Ouest, c'est-à-dire la Champagne, la Brie, l'Ile-de-France, la Beauce, l'Anjou et la Bretagne. L'Ouest avec ses vertes prairies et ses blés mûrs, ses troupeaux mugissants et ses vallées ombreuses au milieu desquelles coulent des ruisseaux jaseurs, l'Ouest avec ses perspectives infinies et tout au bout l'Océan! — Quel splendide itinéraire! m'écriai-je; puisque les Augures ont parlé, allons vers l'Ouest!

En prenant cette résolution, je n'avais, je te l'avoue, mon cher Stanislas, aucun mérite; beaucoup de mes vieux amis habitent depuis de longues années ces plantureuses contrées; et, l'occasion étant donnée, n'était-il pas tout naturel que j'allasse les surprendre; ou, ne les trouvant plus, déposer sur leur tombeau l'adieu suprême?

J'aime la promptitude dans les petites choses comme dans les grandes; aussi, je n'ai jamais pu comprendre que le siége de Troie ait duré dix ans; on m'a, il est vrai, répété jusqu'à satiété, que les charmes de la jeune Briséïs paralysaient parfois l'ardeur des combattants, et que ces fiers guerriers, qui n'étaient pas à gage, se souciaient fort peu de remporter la victoire telle année plutôt que telle autre. Soit, mais pour ce qui me concerne, je le répète, je ne puis supporter ces délais qui entravent et font échouer souvent tous les moyens d'action dont on dispose; mon voyage dans l'Ouest de la France étant décidé, je me dis : Je pars demain.

Le lendemain, à sept heures du soir, la locomotive me transportait à toute vapeur sur Paris.

Depuis la guerre, je n'avais pas revu la capitale ; et Paris, calme ou en révolution, a toujours des charmes inouïs pour celui qui a voyagé et vécu dans ses murs.

Au moment où je descendais de wagon, la blonde aurore, fille de Titan et de la Terre, sortait doucement du sein de sa mère, et tous les cochers de fiacre remontaient sur leur siége ; — il était cinq heures du matin.

J'avisai une voiture découverte qui stationnait aux abords de la gare de l'Est.

— Où allons-nous, bourgeois, me demanda l'automédon en poussant un baillement prolongé?

— Où tu voudras, mon garçon, répondis-je.

Celui-ci me regarda d'un air fort étonné ; voilà certainement un client qui a *un grain*, pensa-t-il.

Tu te trompes, repris-je, devinant sa pensée ; j'ai toute ma raison, je le crois du moins ; ne pouvant aller faire des visites dès le premier chant du coq, je désire me promener dans Paris ; conduis-moi donc comme tu l'entendras ; montre-moi ses ruines, afin que j'exècre davantage encore, si c'est possible, les bandits sans nom qui les ont faites ; roule ensuite ton sapin vers le quartier-latin ; les doux souvenirs qu'il me rappellera effaceront les impressions pénibles que la vue de nos désastres aura fait naître en moi.

La voiture partit ; et pendant trois heures que dura cette course, je me sentis revivre de ma vie de jeunesse. La rue Mazarine, le carrefour de l'Odéon, la rue Monsieur-le-Prince, le Luxembourg, tous ces endroits aimés passèrent devant mes yeux comme un charmant mirage, et me rappelèrent ces joyeux compagnons d'autrefois que le vent des circonstances a dispersés au loin, amis perdus pour moi, mais non oubliés.

Huit heures sonnaient à Notre-Dame au moment où mon conducteur passait sur le Pont-Neuf, devant la statue d'Henri IV.

— Halte-là ! criai-je.

Après avoir congédié le brave garçon, je gagnai à pied les bains de la Samaritaine.

La huitième heure du jour étant celle des ablutions chez les Turcs, pensai-je, il ne sera dit que pour une fois ce ne sera pas celle d'un honnête chrétien, qui n'est pas radical. Dix minutes plus tard, je barbotais dans l'onde non limpide de la

Seine, répétant avec satisfaction : Allah est grand et l'eau est tiède !

Cette journée du dimanche, malgré la chaleur sénégalienne, passa vite. A dix heures du soir, je prenais mon *ticket* à la gare Montparnasse ; mon voyage réel commençait.

La nuit, si pour tout le monde les chats sont gris, pour le touriste, l'horizon n'est pas toujours noir. Je laissais Paris resplendissant de lumière ; la devanture de ses élégants cafés était pleine de promeneurs combattant la chaleur du jour par de nombreux bocks de bière et des glaces à la vanille ; au-dessus de nos têtes, la lune, « comme un point sur un I », inondait de sa lumière nacrée les toits des maisons et les platanes des boulevards ; comme dans l'opéra, Paris pouvait chanter ce soir-là :

> Nuit parfumée,
> Nuit embaumée !

A dix heures trente minutes, le coup de sifflet de la locomotive jeta dans l'air son cri strident ; nous partions. Quelques secondes plus tard, le train passe les fortifications ; déjà nous traversons le viaduc de Meudon, dix minutes encore et nous serons à Versailles.

J'ai pour compagnon de voyage un causeur émérite doublé d'un érudit, et, en chemin de fer, on fait vite connaissance ; à Clamart, nous en étions aux confidences ; à Versailles, on s'appelait : Mon bon ! — Ce que j'aperçois par la portière, mon vis-à-vis me l'explique ; ce que je ne vois pas, il me le signale.

Versailles est derrière nous ; après une minute d'arrêt à Saint-Cyr et à Trappes, le train reprend sa course vertigineuse.

— Le Perray, crie le conducteur du train.

— Rendez-vous de chasse sous Louis XV, répond mon compagnon de route.

— Rambouillet, reprend plus loin la même voix.

— Quatre mille deux cents habitants, poursuivit le puits de science que le hasard a jeté dans mon compartiment.

Le château de Rambouillet, continue-t-il, date du XIVe siècle ; un parc immense et une forêt giboyeuse et épaisse garantit la ville des vents du nord.

Les souvenirs les plus marquants de notre histoire nationale se rattachent à ce château : François 1er y mourut le 21 mars 1547. — Plus tard, un fils légitimé de Louis XIV, le Comte de Toulouse, le reçut comme présent. — C'est à Rambouillet que le Roi Charles X signa son abdication à la couronne de France, le 2 août 1830.

Après Épernon, Maintenon donne l'occasion à mon éternel discoureur, de me rappeler que le château de cette dernière station eut un jour Racine pour hôte, et que ce fut dans une de ses chambres qu'il composa ses deux chefs-d'œuvre tragiques : *Esther* et *Athalie*.

— Chartres, dix minutes d'arrêt.

Tout juste le temps de prendre un bock au buffet de la gare.

Du chef-lieu d'Eure-et-Loir, je n'aperçois au sortir de la ville que les flèches élancées de la cathédrale, le train a repris sa course infernale ; les gares de Saint-Luperce, Courville, Pontgouin, La Loupe, Bretoncelles passent devant nos yeux comme une vision ; déjà nous arrivons à Nogent-le-Rotrou, coquette petite ville du pays percheron, bien bâtie et faisant un commerce considérable de chanvre, de fourrages et de graines de trèfle. — Si je n'ai point la bonne fortune d'entendre la voix de ses paisibles habitants, partis en ce moment pour le pays des rêves, en revanche, j'écoute avec plaisir le chant de tous les coqs de la contrée, nous annonçant l'arrivée du jour.

De Nogent au Mans, le trajet se fait en moins de deux heures. Phœbus apparait, l'Orient s'illumine, nous sommes au chef-lieu de la Sarthe.

Mon voisin de banquette descend prestement du train, non sans m'avoir serré la main et souhaité le plus ravissant des voyages.

Je n'ai pas pris à tâche, mon cher Stanislas, de te faire l'historique de chaque ville où je passe ; d'abord, mon récit sans prétention deviendrait un gros volume et le temps me manque pour le faire ; ensuite, d'autres l'ont entrepris avant moi. — Je me rappelle seulement que sous les Romains, le Mans avait déjà une certaine importance, qu'au neuvième siècle, Guillaume-le-Conquérant s'en empara, que le Roi vert-galant, Henri IV, y entra le 11 février 1589, et que de 1793 à 1799, la ville eut beaucoup à souffrir des guerres vendéennes.

Après Le Mans, voici Laval, sur la Mayenne, avec son vieux donjon, propriété jadis des ducs de La Trémoille, et qui sert aujourd'hui de prison ; son viaduc remarquable a 180 mètres de longueur et ses bateaux-lavoirs sur la rivière sont surnommés *Moulins-à-paroles*.

A Vitré, j'examine les constructions anciennes ; si j'avais deux heures d'arrêt seulement, je monterais jusque sur les *tertres noirs* pour juger de l'ensemble de la pittoresque cité ; mais le mécanicien du train a sa consigne, trente-cinq minutes lui restent pour gagner la capitale de la Bretagne, et les voyageurs affamés soupirent après la tranche de jambon traditionnelle que l'on trouve au buffet. — Il est dix heures trente minutes du matin.

La gare de Rennes, d'un aspect monumental, est située sur un emplacement charmant ; une magnifique avenue conduit de la gare à l'intérieur de la ville, que l'on aperçoit sur la droite. Au second plan, une haute colline surmontée d'une statue la domine.

— Comment appelez-vous ce monticule, demandai-je à un employé de la Compagnie de l'Ouest ?

— Le Thabor.

— La statue ?

— Est celle de Duguesclin. Du haut de cette butte, poursuit l'agent des voies ferrées, on jouit de la vue d'un magnifique panorama sur la cité et ses environs. Le Jardin-des Plantes est à côté.

Si la faim chasse le loup hors du bois, elle arrache aussi l'homme aux plus belles contemplations ; dix-sept minutes me restent et je les emploie consciencieusement à satisfaire maître *Gaster*, qui réclame sa dîme bi-journalière, d'une façon très-impérieuse.

Déjà la clochette du surveillant rappelle aux appétits si robustes qu'ils soient, que l'homme n'est qu'un voyageur sur cette terre ; chacun remonte dans son compartiment, plus dispos, plus joyeux, beaucoup achèvent le déjeuner interrompu ; d'autres achètent des journaux, des matelots chantent, des chiens aboient, les facteurs ferment les portières, on part !

Les premières gares auxquelles on passe en suivant la ligne de Rennes à Brest, n'ont rien qui mérite de fixer l'attention du touriste ; il faut arriver aux Côtes-du-Nord, avant de reprendre son poste d'observation.

A Lamballe, je jette un coup-d'œil sur sa tour ; autrefois, la petite ville en possédait vingt-quatre pour sa défense ; aujourd'hui, vingt-trois ont été détruites par le temps et les guerres de l'Armorique.

De Lamballe à Saint-Brieuc, le train passe par Yffiniac, et pour la première fois depuis mon départ de Paris, j'aperçois dans la baie de ce nom, la mer, bleue comme sous le ciel de Naples, calme comme le lac de Côme ; la mer, c'est-à-dire la plus séduisante et la plus merveilleuse des créations de Dieu. Dix minutes plus tard, nous entrons en gare de Saint-Brieuc.

Le chef-lieu des Côtes-du-Nord pourrait à bon droit être appelé la ville aux cent clochers. — En compte-t-on cent ? — Je l'ignore, mais certainement ce chiffre n'a rien d'exagéré. Guingamp, Belle-Isle, Plouaret, Plounerin, sont déjà derrière nous ; quelques minutes encore, et mon long voyage sera terminé. — Un instant après, le coup de sifflet de la locomotive nous annonce une gare ; nous passons sur le magnifique viaduc de Morlaix ; en contemplant à deux-cents pieds au-dessous le pittoresque chef-lieu d'arrondissement du Finistère, un cri d'admiration nous échappe. Nous sommes arrivés.

Sur le quai, m'attend mon excellent ami Pierre Zaccone. — Qui se jeta le premier dans les bras de l'autre ? Ce serait fort difficile à définir, tant notre empressement à tous deux fut grand.

Cet instant, je n'hésite pas à le dire, fut un des plus doux de ma vie.

Je passai la soirée à Morlaix.

J'avais encore trois heures de lumière diurne, c'était bien suffisant pour visiter l'intéressante cité qui, dans les treizième, quatorzième et quinzième siècles, eut à subir tant de fortunes diverses.

Placé sous l'autorité des ducs de Bretagne, Morlaix fut à cette époque revendiqué plusieurs fois à main armée par les comtes de Léon ; prise par les Anglais, la ville retomba au pouvoir de ses anciens maîtres ; un peu plus tard, la lutte recommence, et pour la seconde fois pillée et saccagée, l'Anglais s'en empare en 1,521, et celle-ci ne revient à la mère-patrie que sous Henri IV.

Le port de Morlaix possède un bassin à flot et

un pont tournant ; les quais qui l'environnent sont spacieux et ornés de maisons modernes.

Au centre de la ville, les constructions sont d'une époque plus ancienne ; les maisons ont lanternes et pignons avec étages supérieurs surplombant ; les fenêtres sont basses et cintrées, des statues de la Vierge ou des Saints garnissent les niches réservées à ce pieux usage, dans un nombre considérable d'habitations.

A l'entrée de la rade, on aperçoit le Château du *Taureau*, construit en 1,542, sur un rocher isolé, baigné par la mer, pour mettre la ville à l'abri des attaques des Anglais.

Morlaix n'a point de monuments remarquables proprement dits ; comme édifices, on ne peut citer que ses églises : Notre-Dame-du-Mur, Saint-Mathieu, Sainte-Mélaine et Saint-Martin-des-Champs.

Après avoir visité ses différents quartiers et écouté quelques instants, rue des *Lavoirs*, l'interminable babillage des lavandières bretonnes, je songe enfin à prendre un peu de repos.

Le lendemain, au point du jour, je me dirigeai vers le cimetière. Là, repose, depuis un an seulement, un jeune homme que j'ai aimé comme on aime un fils, et sur la tombe duquel je voulais déposer un souvenir ; j'ai nommé André Zaccone.

Le champ de la mort n'avait rien de lugubre. Les pâles fleurs des tombeaux tournaient leur corolle vers le premier rayon du soleil ; dans les branches encore tout humides de la rosée de la nuit, les rouges-gorges gazouillaient leur prière du matin ; le fossoyeur n'avait point commencé sa terrible besogne de chaque jour ; au loin on entendait l'*Angelus*. —

Pauvre enfant, murmurai-je, qui m'eût dit, il y a trois ans seulement, alors que je te voyais à Paris, joyeux, plein de santé, que je viendrais un jour, dans un coin perdu de la France, jeter des fleurs sur ta tombe ! .....

L'émotion m'avait gagné ; j'envoyai le suprême adieu à mon pauvre André, et les yeux humides de larmes, je m'acheminai vers la ville.

Depuis mon départ de Chaumont, je caressais une idée ; ma station *balnéaire* étant Locquirec, c'était de faire seul et à pied, le trajet qui sépare Morlaix de cette petite plage Bretonne. Parcourant pour la première fois le Finistère, je voulais que rien ne vînt se jeter à l'encontre de mes impressions. Je partis donc portant comme le philosophe Bias toute ma fortune, non sur mon dos, mais dans mon sac de voyage, et humant avec délices l'odeur balsamique des genêts qui bordent la route. — Parfois, m'arrêtant tout-à-coup, je me surprenais à regarder en arrière le chemin déjà parcouru ; tout était calme dans la campagne ; des cheminées rustiques s'échappait une blanche fumée, qui montait d'abord en nuages opaques vers le ciel et se perdait ensuite dans l'atmosphère. Des troupeaux paissaient l'herbe des champs ; les Bretonnes, avec leurs fichus bariolés et leurs coiffes pittoresques, se rendaient, le panier au bras ou sur la tête, au marché voisin ; le soleil montait à l'horizon et buvait les dernières gouttelettes de la rosée, la brise m'apportait les âpres senteurs de l'Océan ; je n'eus pas donné cette matinée pour une année de ma vie !

Bientôt le son argentin d'une clochette frappa mon oreille ; je relevai vivement la tête, et au milieu d'un bouquet d'arbres, m'apparut le clocher de Lanmeur.

J'achevais le douzième kilomètre de ma pédestre étape, j'arrivais à la grande halte. —

Trois lieues faites par un temps superbe et un air vif en diable, ont pour résultat, quoiqu'on fasse, d'aiguiser l'appétit. — La chaleur du jour augmentant, m'obligeait elle-même à me reposer quelques instants. J'entrai donc dans le village, et pour ne pas rester absolument inactif, j'y déjeûnai.

A trois heures de l'après-midi, j'arrivais à Locquirec avec quatre personnes aimées, qui étaient venues à ma rencontre......

La mer se retirait en laissant sur le sable d'or de ses rives, de longues traînées de goëmon ; de grands oiseaux aux ailes blanches, après avoir rasé les flots, reprenaient leur vol gracieux dans les hautes régions de l'air ; plusieurs barques de pêcheur, à demi-couchées sur le rivage, attendaient la marée prochaine pour reprendre le large ; les baigneurs, peu nombreux, formaient différents groupes, et commentaient, un journal à la main, les nouvelles apportées de Paris par le train du matin.

A la vue de ce spectacle ravissant, je m'arrêtai ému, fasciné, attendri.

Dans son volume des *Misérables*, Victor Hugo a intitulé un de ses chapitres : *Une tempête sous un crâne ;* je ne pousse point la prétention jusqu'à dire, qu'à ce moment, sous mon cuir plus ou moins chevelu, grondait une tempête, cependant je suis forcé de reconnaître que l'impression que je ressentis fut profonde, et qu'un monde de pensées m'agita.

Cette Bretagne, illustre par tant de glorieux souvenirs qui s'y rattachent, cette terre héroïque que je visitais en touriste n'était point pour moi, à proprement parler, une province inconnue. Tout enfant, mon père ne m'avait-il pas raconté ses luttes, ses souffrances et ses héros, pendant la terrible guerre qui marqua dans ces contrées, la fin du dix-huitième siècle. Le Mans, Laval, Rennes, Saint-Brieuc, etc. : toutes ces villes, François Guignard les avait parcourues comme soldat ; sur ces *dolmens* à moitié usés par le frottement des siècles, il s'était reposé entre la bataille de la veille et le combat du lendemain ; ces routes poudreuses, son pied les avait foulées ; ces forêts, au feuillage verdoyant et mobile, mon père les avaient traversées la nuit, mourant de faim et pieds nus, poursuivi à chaque instant par une cohorte vendéenne. Que d'événements, hélas ! depuis ces doux récits du foyer, que le sentier parcouru a été long et difficile, que de lambeaux d'espérance sont restés accrochés aux épines de la route ! . . . .

Je restai plongé plus d'une heure dans ces pensées rétrospectives ; le fil de mes jours se déroulait en sens inverse de mes années ; pendant ces soixante minutes, je remontai le cours de ma vie ; les incidents tristes ou joyeux qui ont gravé en mon âme leur empreinte ineffaçable, les instants de bonheur si vite envolés, les luttes continuelles et sans cesse renaissantes, tout cela se heurtait dans ma mémoire d'une façon inouïe.

La soirée était déjà avancée lorsque je commençai de gravir la haute falaise au sommet de laquelle est assis, comme un nid d'aigle, le château de Pierre Zaccone. De cet endroit, la perspective est admirable ; l'œil contemple, sans jamais se lasser, ces ondulations capricieuses de la vague, ces rochers à pics, barrière infranchissable que la mer furieuse frappe de ses flots courroucés, mais sans jamais les renverser — L'élégant castel, flanqué de sa coquette tourelle, domine tout le pays. — Les nuits d'orage, sa lumière intérieure sert de phare aux navires en détresse qui rentrent dans le port ; le jour, les malheureux trouvent dans ses murs des secours et un abri. Le château de Locquirec est la maison du bon Dieu, et ses habitants la Providence des pauvres !

Le lendemain, imitant les baigneurs qui m'avaient précédé dans le village, je fis une longue promenade sur la plage ; je ramassai des coquillages, je pêchai des crevettes, et pour varier davantage encore mes plaisirs maritimes, je grimpai sur les rochers, avec Charles Valois, fils d'un ami intime de Zaccone, et me livrai à une chasse sans merci, sur les hirondelles de mer, les pingouins et les poules d'eau.

La colonie Morlaisienne se composait de cinq ou six familles dont je conserverai le plus affectueux souvenir, tant l'accueil que j'en reçus fut gracieux. Si nos matinées étaient bien employées, nos soirées ne l'étaient pas moins. Locquirec possède un hôtel ; l'excellente madame Refay, en est tout-à-la-fois la propriétaire, la maîtresse et le majordome. La salle n'étale pas un luxe de mauvais aloi ; les dorures y brillent par leur absence et les candélabres ne décrivent point autour de l'appartement, d'interminables girandoles. En revanche, cette pièce est un véritable musée historique : on y voit Napoléon Ier aux Pyramides, à Wagram, à Iéna, à Austerlitz, à Vienne, à Moscou et même à Waterloo ; dans un coin, le Juif-Errant, son bâton à la main et ses cinq sous dans sa poche, poursuit sa pénible route jusqu'au jugement dernier ; la complainte de M. de la Palisse à côté, se déroule en cinquante couplets ; le drame si pathétique de *Geneviève de Brabant* ; l'aventure d'*Henriette* et *Damon* lui fait face. Tous ces chefs-d'œuvre sortent de l'imagerie d'Épinal ; chaque tableau coûte deux sous !

Que d'heures charmantes nous passions chaque soir chez la digne madame Refay. Sa bière tournait à l'aigre, c'est vrai, mais le sourire de l'hôtesse était si bienveillant ! Que de vieux souvenirs évoqués, tout en fumant un paquet de caporal ! Chacun disait son mot, lançait son anecdote et cultivait le calembour, le rire était permis et la chanson tolérée ; à dix heures, tout le monde regagnait ses pénates et s'endormait du sommeil des justes, quand le vent ne soufflait pas à la tempête. —

Voir Naples et mourir, a dit je ne sais quel dégoûté de la vie ; voir Brest et y déjeûner, m'écriai-je un matin, voilà une excellente idée.

Je partis de Locquirec pour Morlaix, accompagné de Pierre Zaccone et Charles Valois ; à notre descente de voiture, nous trouvâmes Georges Miot qui nous attendait et qui venait de Chaumont tout d'une haleine ; nous passâmes la soirée à Morlaix, chez M. Florisson, maître-d'hôtel d'Europe, *(parent d'un de mes bons amis langrois)*, soirée charmante s'il en fut jamais.

Le lendemain à sept heures dix minutes, chacun montait en wagon ; à neuf heures, nous étions à Brest.

Après le déjeûner, nous gagnâmes le port ; *la Majorité*, pour me servir de l'expression des Brestois, nous délivra des permis, pour visiter les navires en armement. — Notre port de guerre vaut assurément cette visite, et l'animation qu'il présente actuellement fait plaisir à voir.

Le marin que l'officier de service nous donna pour guide, était des plus loquaces ; chez un vieux loup de mer ce n'est point un défaut, mais quelquefois une qualité ; quiconque a beaucoup vu pouvant avoir beaucoup retenu. — En dix minutes, il m'apprit qu'il avait fait le tour du monde, que les îles de Madagascar n'ont rien de bien séduisant, que Canton est une très-jolie ville et Rio-de-Janeiro une cité fort riche, près de laquelle on trouve des diamants, comme le Petit-Poucet trouvait des cailloux sur sa route. J'aime mieux le croire que d'y aller voir.

Le père de mon matelot avait appartenu autrefois à la marine ; parmi ses nombreuses campagnes d'un pôle à l'autre, une surtout est restée dans ses souvenirs, nous dit notre conducteur, c'est celle de 1781, sur le vaisseau l'*Amphion*.

A ce mot de l'*Amphion*, je fis un soubresaut que chacun comprendra, mon père ayant lui-même servi sur ce navire et pris part à cette campagne mémorable. Si notre guide eût vu le jour sur les rives de la Marne, j'aurais pu penser que le malin champenois lançait une épigramme à mon adresse ; mais comment supposer tant d'astuce chez un indigène du Finistère, que je rencontrais pour la première fois et dont tous les voyages par terre n'ont pas dépassé Quimper-Corentin ? Sans croire absolument comme mot d'évangile son étonnant récit, il faut bien reconnaître qu'il y avait du vrai dans ses paroles ; du reste, je le répète, le narrateur breton n'était ni de la Haute-Marne, ni de la Gascogne.

Nous visitâmes ensemble l'*Inflexible*, qui sert

de vaisseau-école aux pupilles de la marine, après avoir servi de vaisseau-amiral, lors du bombardement de *Bomarsund*.

Rien d'intéressant, comme cette école des mousses ; figure-toi, mon cher ami, neuf-cents bambins de treize à quinze ans, s'exerçant avec une *furia* toute française, aux exercices de corps et d'esprit que le marin doit connaître et cela, chaque jour, à chaque heure de la journée. Dès l'âge de seize ans, cette pépinière de matelots sort de l'école, contracte un engagement pour faire partie des équipages de la flotte, et passe sur un autre vaisseau-école : la *Bretagne*.

Ce bâtiment, mouillé sur la rade de Brest, est commandé par un capitaine de frégate. La corvette la *Galathée*, lui est attachée comme annexe. Là, l'instruction est toute nautique et dirigée principalement en vue de la manœuvre du navire, de la natation, de la gymnastique, des manœuvres et des travaux du port. — La barque qui nous conduisit à la *Bretagne* portait le n° 551. — Au moment de notre arrivée, dix-huit-cents marins faisaient l'exercice ; si j'avais eu un grain de vanité, je dirais que c'était à notre intention et pour nous donner un échantillon de leur savoir-faire ; mais personne ne voudrait me croire, je préfère donc m'abstenir.

Du vaisseau la *Bretagne*, les élèves montent sur le *Borda*, puis deux ans plus tard, sur le

Jean-Bart, qui complète leur éducation maritime par un voyage de long cours.

Nous revînmes vers ce dernier bâtiment, et de là nous entrâmes dans l'Arsenal. Le port militaire a deux mille huit cent soixante-quinze mètres de longueur ; il est formé par le *Penfeld*, rivière petite, mais profonde, offrant un sûr abri aux vaisseaux de haut bord.

A droite du *Penfeld*, sont les forges, les cales de construction, les bassins de radoub, les ateliers d'artillerie et la caserne des marins contenant trois mille cinq-cents hommes.

A gauche, les corderies, l'hôpital Clermont-Tonnerre, construit en 1823, le magasin général et enfin l'ancien bagne, supprimé en 1858. — Sur un des murs intérieurs, on lit encore, en lettres colossales, ce nom qui a fait tant de bruit ces années dernières dans les feuilletons : *Rocambole*.

Le port de commerce situé au pied du cours d'Ajot, communique avec Brest par des rampes d'un développement de 1,700 mètres ; c'est de cet endroit que partent tous les bateaux d'excursions et de promenades.

La visite du port terminée, nous rentrâmes en ville après avoir laissé tomber une pièce blanche dans la main goudronnée de notre cicérone.

Brest compte une population de 80,000 âmes. Un détail bon à noter : l'heure de la ville retarde de 27 minutes sur l'heure de la gare ; quand midi sonne à l'église Saint-Louis de Brest, il est midi 33 minutes à toutes les horloges de Paris.

La merveille de Brest est le pont national, jeté sur le *Penfeld* et qui réunit les deux rives de la ville.

Celle-ci, à vrai dire, n'est ni belle ni propre ; de grands efforts sont tentés journellement pour l'embellir, mais que d'années il faudra encore avant d'avoir obtenu ce résultat !

La cité se divise en deux parties, la rive gauche et la rive droite. Sur la première, se trouve le commerce, l'animation et les hôtels.

La rive droite, composée des quartiers de *Recouvrance*, n'était autrefois qu'un faubourg de Brest. Les deux voies les plus fréquentées sont : la Grande-Rue et la rue de Siam.

Le Château de Brest, dont parlent avec enthousiasme certains touristes, n'a rien qui mérite réellement de fixer l'attention. Construit en plein moyen âge, il soutint de 1,240 jusqu'en 1,387 cinq siéges, sans que l'Anglais ait pu s'en emparer.

Les appartements du donjon, que le gardien vous fait voir, eurent pour hôtes les ducs de Bretagne quand ils résidaient à Brest.

La rade, l'une des plus magnifiques du monde, ne se trouve pas en pleine mer comme à Cherbourg ; elle a trente-six kilomètres de circonférence et pourrait contenir cinq-cents vaisseaux de premier rang ; son *goulet*, qui a une largeur de six-cent-soixante mètres, la met en communication avec l'Océan ; cinq phares l'éclairent de leurs feux. Les bâtiments réfugiés dans la rade de Brest, sont imprenables, la gorge du *goulet* étant infranchissable, en raison de ses fortifications.

Le soir était venu, l'heure du départ arrivée ; le train semblait ne plus attendre que nous pour s'élancer à toute vapeur et nous ramener à Morlaix, où nous attendaient des visages amis et le plus charmant des diners. Le lendemain, nous reprenions le chemin de Locquirec, et notre existence de baigneur improvisé.

Le dimanche suivant, eut lieu au château de Pierre Zaccone, un vrai festin de Balthasar, offert par le plus aimable des châtelains à ses nombreux amis. — Pour conserver à cette réunion son caractère intime, il fut convenu que ce serait un diner de garçon. — Les dames s'en vengèrent en organisant un banquet chez une amie commune. — Deux gigantesques bretonnes reçurent d'elles l'ordre de faire faction en avant de la porte et d'empêcher toute face barbue de pénétrer à l'intérieur. — Bien joué, mesdames !

De quel côté retentirent les plus joyeux éclats de rire ? qui s'amusa le plus ? — Il serait bien difficile de le dire : partout la plus grande gaîté ayant ses coudées franches, partout la bonne harmonie présidait à ces agapes fraternelles. — Vous ne me contredirez pas, chers convives, que j'eus le plaisir de rencontrer sous le toit de mon vieil ami et avec lesquels je nouai de si cordiales relations ; rentré dans ma Champagne aimée, je suis heureux encore, en songeant à cette soirée si douce, d'adresser mes meilleurs souvenirs à MM. Guillou, Belhommet, Morel et Lacroix ; si j'en oublie, c'est involontairement.

Le lendemain et les jours suivants, au lever du soleil, je partais avec Georges et quelques amis, pour la plage.

Cette station matinale au bord de la mer n'était pas la moins intéressante assurément.

Prenant à la lettre le récit de Victor Hugo, dans ses *Travailleurs de la mer*, ton neveu, mon cher ami, s'était donné la tâche de détruire ce hideux poulpe, que le poète, un jour de mauvaise humeur, sans-doute, nous a représenté comme un vampire marin et près duquel cependant, les indigènes de la côte passent avec le dédain le plus accentué.

Un avano à la main, un crochet sur l'épaule, Georges courait d'un rocher à l'autre avec la rapidité d'un chamois ; la pieuvre faisait-elle défaut, la pêche à la *chevrette* commençait alors, et malgré mes appels réitérés, notre jeune Haut-Marnais ne revenait vers moi que lorsque son sac était plein.

Je le vois toujours, ramenant triomphant l'affreuse bête aux mille suçoirs, qu'il était allé chercher jusque dans les anfractuosités des rochers de granit qui servent de barrière à l'Océan ; l'œil ardent, le pied agile, on l'apercevait tantôt sur le sommet du monticule, tantôt au fond du ravin ; parfois le flot écumant s'avançait jusqu'à ses pieds, tantôt. celui-ci retombant en poussière blanche, le mouillait jusqu'aux os.

Un instant après notre chasseur redevenait marin consommé ; Nemrod se changeait en Triton. — Après avoir évité la vague, Georges trouvait un plaisir extrême à se faire caresser par elle ; prenant son élan, il disparaissait jusque dans les profondeurs salées ; puis reparaissant à la surface, il faisait la planche avec une grâce que tous les spectateurs admiraient. J'enviais fort les coupes droites qu'il décrivait, sans aucune hésitation et si la grandeur, — autant dire cela qu'autre chose — ne m'eût attaché au rivage, j'eusse été très heureux de pouvoir lui tenir compagnie ; mais allez donc faire avaler de l'eau saumâtre à un amateur de bon vin ! Je ne pus m'y résoudre.

Après quelques heures employées de la sorte, nous reprenions le chemin du logis ; on faisait un bout de toilette avant le déjeûner et l'appétit excité par l'air frais et les exercices du matin ne laissait rien à désirer.

Malgré ses chemins de fer et son frottement plus accentué avec l'intérieur de la France, la Bretagne a gardé jusqu'ici ses mœurs, ses coutumes et ses usages particuliers.

Dans les églises, les sermons se font en langue celtique, que les indigènes appellent le *brezonec* ; les fidèles, dont rien ne peut troubler le recueillement, semblent avoir pris pour devise ces paroles de Saint-François d'Assise, lorsqu'il entrait au temple : *Pensées mondaines, restez dehors, je vous retrouverai en sortant.* »

Une coutume qui a bien son originalité et que je n'ai pu m'expliquer, malgré mes nombreuses recherches, est la suivante : pendant la célébration des offices, les assistants se passent une quenouille de main en main ; partie d'un point de l'église à l'*Introï*t celle-ci se trouve vers l'autre bout à l'*Ite ... ssa est* ! Que représente cette quenouille ? — Quels souvenirs rappelle-t-elle ? — Une légende y est-elle attachée ? — Je ne sais ; à toutes mes questions réitérées, la réponse a été : « Nous l'avons toujours vu faire. »

Dans le Finistère, la fraternité n'est pas un vain mot ; les habitants n'ont point à chaque instant comme nos *libératres*, ces grands mots sur les lèvres ; en revanche, ils l'ont dans le cœur et savent le prouver au besoin.

Un orage menace-t-il, au moment de rentrer la moisson ? — un courrier est envoyé aussitôt dans les fermes, et une heure après, chacun accourt et prête son aide au retardataire ; c'est plaisir de voir quarante ou cinquante personnes des deux sexes et de tout âge, tourner prestement autour des gerbes, les entasser dans les voitures ou, armés de fléaux, battre le grain avec une agilité prodigieuse.

Le péril conjuré, le maître du champ serre cordialement la main de tout son monde en prononçant ces paroles : « merci ; mon secours vous est acquis à l'heure qu'il vous plaira ! » —

Devant chaque maison, se trouve un barrage en bois ou en pierre ardoisière ; je te donnerais en mille, mon cher Dadant, pour me dire la signification de ce rempart intéressant, que n'a point à-coup-sûr inventé Vauban ; haut d'un mètre à peine, il ne saurait être un sérieux obstacle pour les individus ; mais pour l'infortuné compagnon de Saint-Antoine, c'est tout différent, parait-il ; et si j'en crois les cancans du pays, ce barrage a sa raison d'être, tant ce genre de quadrupède abonde dans ces parages. Le jour, ils sont errants et promènent leur grassouillette corpulence par monts et par vaux ; sachant sans doute qu'ils sont *aimés* de l'homme, ils s'en rapprochent autant qu'il est en leur pouvoir, sautent par-dessus les échaliers, traversent les cours, et, si rien ne s'y oppose, s'introduisent jusqu'au foyer conjugal, croquant une pomme de terre oubliée, se désaltérant dans le chaudron où mijote la soupe aux choux, le tout, accompagné de ce chant anti-harmonieux, qui ferait fuir le mélomane le plus enragé ; — si les trésors culinaires font défaut à la cuisine, maitre *Riche-en-lard* se rabat sur l'innombrable multitude d'escargots qui tapissent les murs extérieurs ; on ne saurait croire combien le cochon est adroit à ce genre d'exercice !

Un autre usage qui s'accomplit en plein air et sur le bord de la mer, n'est pas moins original que la plupart de ceux déjà cités. Les jours de fête, on fait un feu de joie sur la grève, les femmes prennent leurs bambins dans leurs bras et les balancent *trois fois* au-dessus de la flamme.

J'ai, comme pour la quenouille de l'église, cherché longtemps le mot de cette énigme ; le nombre *trois* plait aux dieux, soit ; mais pourquoi ce feu de joie ? — pourquoi ce triple balancement au-dessus de la *bourglée* ? Pendant deux fois vingt-quatre heures, je me suis posé ces questions sans parvenir à les résoudre, et les naturels de Locquirec n'étant pas mieux renseignés que moi, j'en ai tiré la conclusion que voici :

En tout temps, l'enfant est adorable ; mais la nature lui joue de si vilains tours, que le parfum qu'il exhale parfois n'a rien d'enivrant. Donc, si la maman trouve bon de passer par le feu le le jeune *gosse,* c'est qu'elle sait apparemment que le feu purifie tout ! . . . . . .

Je te donne mon opinion personnelle pour ce qu'elle vaut, et je n'ai point la prétention de prendre un brevet d'infaillibilité.

Le temps passe vite en voyage, je m'en aperçus, hélas ! lorsque l'heure du retour sonna.

Ma dernière visite à la plage de Locquirec fut malgré moi un peu triste ; mille pensées mélancoliques assiégèrent mon esprit ; cette baie ravissante, ces flots d'un vert-émeraude, cette brise saline et fortifiante, n'allais-je pas quitter tout cela pour ne plus le revoir jamais, peut-être !

A ce moment, le soleil, environné d'un nuage de pourpre et d'or, disparaissait à l'horizon, et ses derniers rayons donnaient aux flots une lueur étrange, fantastique ; l'Océan était calme et le ciel azuré ; c'était une de ces heures bénies où les préoccupations de la vie s'évanouissent devant le tableau imposant qui frappe les regards, un de ces moments où l'âme se replie sur elle-même et revoit comme à travers un prisme, les temps disparus et les faits oubliés ; je restai longtemps abîmé dans cette muette contemplation ; mille souvenirs des jours envolés, peuplèrent ma mémoire, les êtres que j'avais aimés, m'apparurent et s'entretinrent avec moi ; les trente dernières années qui venaient de tomber dans l'éternité, semblaient ne pas m'avoir courbé sous leur fatale étreinte ; je me trouvais jeune, robuste, heureux, jetant aux quatre vents du ciel mon ardeur juvénile et la gaité de mes vingt ans ; je marchais à pas de géant dans les sentiers de la vie, fort de l'amitié des miens, l'espérance au front et l'amour au cœur.......puis la scène changea d'aspect ; un vent mortel soufflant avec rage, renversa tout ce qui m'entourait, parents, famille, amis, tout disparut ; chapelet précieux que la main du destin égraina, tombes trop tôt ouvertes, et refermées pour le malheur de ceux qui y survivent !

Oh ! qui saura jamais tout ce que je ressentis d'angoisse et d'amertume pendant cet instant ; je me surpris à répéter avec Lamartine les premiers vers de cette poésie du *Lac*, si touchante et si philosophique :

« Ainsi toujours poussés vers de nouveaux rivages,
« Dans la nuit éternelle, emportés sans retour,
« Ne pourrons-nous jamais sur l'Océan des Ages
    « Jeter l'ancre un seul jour ? »

La nuit était venue ; tout-à-coup, le vent d'ouest souleva les flots, la vague devint longue et écumeuse ; les bateaux pêcheurs, encore au large regagnèrent le rivage ; le sifflement aigu de la tempête redoubla de violence, l'éclair sillonna la nue et les grondements du tonnerre que l'écho répercutait au loin, jetèrent l'épouvante chez tous les êtres créés.

Je restai une grande partie de la nuit le coude appuyé sur le bord de ma fenêtre, seul témoin peut-être de ce bouleversement momentané de la nature.

C'est bien cela, me dis-je, au moment de prendre un peu de repos : Après quelques jours de calme, la tempête ; voilà la vie humaine !....

Dans la matinée, Georges et moi, nous quittâmes Locquirec, cette plage bretonne hospitalière qui venait de réveiller en mon âme de si vives impressions.

A Morlaix, M. Auguste Chaperon, un ami de Pierre Zaccone nous attendait ; nous restâmes chez lui la soirée, et rarement soirée fut plus cordiale et plus attrayante ; le maître de céans étant un excellent musicien, qu'il me permette de le remercier ici de ces trop courts instants que j'ai eu la bonne fortune de passer sous son toit ; sa charmante hospitalité ne quittera plus mes souvenirs ; n'est-ce pas à ses côtés que j'ai retrouvé mon excellent ami de Jahayer, dont j'étais séparé depuis mil huit cent quarante-huit. —

— Tu as un peu vieilli, s'est écrié ce dernier, en m'apercevant !

— Le corps, oui ; le cœur, non, ai-je répondu et nous nous sommes jetés dans les bras l'un de l'autre, aussi émus qu'heureux.

Merci donc à vous, amis bretons, qui m'avez accueilli avec tant de sympathie ! Merci de vos paroles d'amitié et de votre réception si bienveillante. — En vain, un millier de kilomètres nous séparent, nos cœurs resteront unis jusqu'à la fin ; la pensée ne connaît pas de distances, et la mienne sera souvent parmi vous. — Quand le vent d'ouest va mugir sur nos plateaux élevés de la Champagne, puisse-t-il m'apporter un écho de vos doux entretiens, puisse-t-il m'annoncer votre arrivée prochaine dans nos contrées de l'Est, non moins pittoresques que les vôtres et toujours si patriotiques — C'est mon vœu le plus cher !

Le lendemain matin, nous montions en chemin de fer, l'heure du retour venait de sonner ; neuf cents minutes plus tard, un fiacre nous déposait à Paris, rue de la Victoire et à l'hôtel de ce nom.

Il était écrit que le destin me serait favorable jusqu'au bout : En descendant de voiture, je me trouvai face à face avec mon ami Portaillier, arrivant de Constantinople, après dix ans d'absence ; nous passâmes la journée ensemble, à visiter le nouveau Paris ; le soir, un souper des plus modestes mais aussi des plus gais, terminait la journée, et par le fait, mon voyage.

A neuf heures du matin, le jeudi, nous apercevions les clochers de Chaumont.

Depuis ce moment, j'ai retrouvé ma tranquillité habituelle ; voici l'hiver, les piqûres de la tarentule ne sont plus à craindre en cette froide saison, je n'ai donc nul souci de ce côté ; mais en dirais-je autant l'été prochain ? — C'est le secret des dieux. — Qui vivra verra ! —

www.ingramcontent.com/pod-product-compliance
Lightning Source LLC
Chambersburg PA
CBHW060724050426
42451CB00010B/1616